AF562877

DERNIÈRE MALADIE ET MORT

DU

R. P. LACORDAIRE.

DERNIÈRE MALADIE

ET MORT

DU

R. P. LACORDAIRE

PAR LE R. P. MOUREY,

PRIEUR DU TIERS-ORDRE ENSEIGNANT DE SAINT-DOMINIQUE,

Directeur de l'École de Sorèze.

TOULOUSE.

ÉDOUARD PRIVAT, LIBRAIRE-ÉDITEUR,

Rue des Tourneurs, 45, Hôtel Sipière.

1861.

Toulouse, Typographie de BONNAL & GIBRAC, rue Saint-Rome, 44.

Ces lignes ont été écrites à la hâte, et commencées près de son lit de mort. On me pardonnera de m'être mis en scène : le P. Lacordaire, habitué à parler seulement aux grandes assemblées et aux âmes, se montrait réservé, presque solitaire dans les rapports habituels de la vie, excepté dans de rares intimités. Je ne saurais le faire connaître sans rapporter nos entretiens.

I.

C'était un lundi, dans la première moitié du Carême de 1860; le Père s'était levé avant cinq heures, comme à l'ordinaire, avait médité durant trois quarts-d'heure sur saint Paul, et fait son quart-d'heure de préparation à la Sainte-Messe, lorsqu'il fut saisi, à l'autel même, de violentes douleurs de tête et de reins, qui l'obligèrent à regagner sa chambre en toute hâte; et quand j'y descendis, vers sept heures, il s'écria de son lit : « Ah! mon ami, que je souffre! Qu'est-ce donc? »

Le docteur ne put constater que les symptômes les plus graves : un refoidissement glacial, des douleurs persistantes, de fortes secousses par tout le corps : à dater de ce jour, la santé du P. Lacordaire fut ruinée.

Etait-ce l'excès du travail et de la pénitence, ou une mélancolie profonde à la vue des hommes et des choses? Je ne sais; ni mes observations, ni ses confidences ne m'ont jamais rien révélé de précis sur ce point : j'incline à croire que toutes ces causes se réunirent pour abattre cet homme si sensible et si fort. Lui-même me rappelait tantôt cette fièvre de travail qui ne l'avait jamais quitté depuis sa sortie du Séminaire, tantôt les sollicitudes d'une vie si diversement occupée, et tantôt aussi les ingratitudes, les injustices et les contrariétés des esprits et des temps. Ceux qui l'ont connu ajouteront sans doute sa prodigieuse austérité.

Le docteur sortait à peine, quand le Père entra dans une sorte de délire; je restais seul auprès de lui.

Il ne parla que du Pape, de ses difficultés, de ses malheurs. C'était là, en effet, ce qui remplissait surtout son âme.

Le P. Lacordaire s'attachait à la hiérarchie par foi et par instinct; on ne verra jamais un homme croire aussi profondément « au sacrement de la hiérarchie : » mais son culte pour le Souverain-Pontife avait revêtu depuis longtemps et dès l'inauguration du règne de Pie IX qu'il avait nommé dès-lors le Louis XVI de la Papauté, quelque chose de plus tendre, et, si j'osais le dire, de compatissant.

Ce qu'il dit, dans cet instant de délire, c'est ce qu'il répétait chaque jour : les périls de Rome étaient sa grande préoccupation.

Revenu à lui au bout de trois quarts d'heure, il me dicta, comme il put, une lettre d'adhésion à un article de Monsieur Cochin, sur les affaires d'Italie.

Cette première crise dura quinze jours.

II.

A Pâques, on le crut ressuscité. Tous ses pénitents l'avaient vu, l'Ecole entière avait communié de sa main; il avait repris toutes ses habitudes, expédiant son courrier de huit heures à midi, dînant avec son Institut, visitant les arbres et les allées de son Parc, puis lisant le journal de Toulouse un quart d'heure, se remettant au travail ou à sa correspondance jusqu'au soir; c'était le moment où il recevait les élèves pour leur parler de vertu, de charité, de pénitence : ces pauvres enfants aimaient tant à s'agenouiller devant lui, les mains sur ses genoux et le front sur son cœur; et lui-même était si heureux « d'ouvrir en eux une large porte à l'esprit chrétien, comme il disait, en combattant par la pénitence et l'humilité la sauvagerie naturelle du jeune homme; » puis il descendait à la chapelle, retrouvait ses enfants à table, et, rentré chez lui, passait ordinairement plus de deux heures à prier et à réfléchir en se promenant à grands pas dans sa chambre. C'était là sa vie. — « Que changeriez-vous à la vôtre, me disait-il un jour, si par impossible il vous était démontré que l'Evangile n'est pas vrai ? » — « Mais vous, mon Père? » — « Rien, mon ami : c'est si raisonnable !

III.

Quand je me rappelle ces dernières causeries, entrecoupées de longs quarts d'heure de silence à travers le Parc de Sorèze, il me semble l'entendre encore traiter ces grandes questions auxquelles il avait voué sa vie. Il parlait beaucoup de Rome; et tout en s'écartant pour le ton et pour les idées de ceux qui n'admettent qu'un état d'invariable perfection dans les conditions humaines et terrestres de la Papauté, il s'éloignait bien davantage encore des catholiques, des prêtres peu convaincus de la nécessité d'une souveraineté temporelle et indifférents à son maintien. « Je donnerais mon sang, disait-il, pour ce dogme naturel, qui tient à la raison et à la Providence ; un prêtre douter de cela ! Mais où donc en sommes-nous ? » D'ailleurs, il avait fait passer le feu de cette conviction dans sa brochure sur la *Liberté de l'Italie et de l'Eglise*, composée un jour en moins de huit heures, et dictée à deux secrétaires à la fois. Cet esprit ingénieux s'exerçait à trouver les meilleures combinaisons possibles pour concilier ensemble tous les intérêts, tous les droits : on l'eût vu dans ces jugements privés impartial, équitable comme un chrétien, comme un prêtre, mais avec un grand silence extérieur, une déférence intime aux lumières de ceux qui se trouvent plus haut pour mieux voir, et surtout avec un sentiment profond des difficultés à vaincre dans un pays qu'il avait habité et connu : « C'est comme nos élèves, disait-il, ils nous jugent sans nous connaître, ainsi nous jugeons les Gouvernements..... Un prêtre contrister publiquement le Pape ! Mais s'il y avait quelque chose à faire, qu'on attende la Providence ; en tout cas, la besogne serait si odieuse que Dieu ne saurait la confier qu'à des coquins..... »

Du reste, rien ne l'effrayait pour la Papauté, tandis que la moindre épreuve le touchait pour le Pape ; et pour nous, il ne craignait que les imprudences de quelques amis et la tempête aveugle qui absorberait tôt ou tard les ennemis.

IV.

Jusqu'au dernier mois de sa vie, il causait volontiers politique. La politique était à ses yeux une large application des lois de justice et de charité : aussi ne croyait-il pas cet ordre de choses soustrait par sa nature aux préoccupations du prêtre ; et de plus il voyait dans la conduite des gouvernements et dans l'attitude des catholiques à leur égard un immense intérêt pour l'Eglise. Il vénérait, comme il l'a écrit, ces prêtres pieux qui ne refusaient pas aux circonstances de devenir de grands citoyens. Jusqu'à son lit de mort, le clergé polonais, patriotique et ferme, l'a remué jusqu'aux entrailles.

Ces principes ont été la grande ligne de sa vie. Mais quand il descendait des théories à leur réalisation, la vue des partis l'embarrassait ; il ne savait que choisir ; il n'a, je crois, jamais choisi, peut-être parce qu'il ne voulait voir dans la politique que justice et charité. Je sais ce qui lui répugnait, pour un grand pays du moins : l'état démocratique ; il pouvait croire à l'avènement fatal de la démocratie et chercher à faire son baptême, mais cette forme n'allait ni à sa nature, ni, quand il s'agissait de la France, à ses pensées. Je sais encore de quel côté il inclinait par raison, par instinct. « Je date de Royer-Collard, et, je l'avoue en rougissant, je n'ai pas fait un pas depuis ; le gouvernement constitutionnel, franchement accepté de part et d'autre, me paraît le salut des peuples et des rois, surtout dans notre Monarchie ; et cette nécessité même me semble appeler sur le trône une race héréditaire pour faire contrepoids, par sa majesté traditionnelle, aux excès que le libéralisme porte inévitablement dans son sein. Mais de ce côté là encore, que de taches, que de craintes ! »

Une fois sorti des principes, il ressemblait à la colombe sortie de l'arche, et ne savait où s'arrêter.

Du moins, il ne blessait personne, et aucun parti ne peut lui en vouloir, sinon parce qu'il n'en déchirait pas les adversaires.

Fidèle à la charité, à la justice, s'il a eu quelque amertume, c'est contre ceux-là seulement qui lui semblaient manquer à l'une et à l'autre, en affichant qu'ils réclamaient la liberté quand ils étaient les plus faibles, pour la refuser à autrui quand ils seraient les plus forts. Hors de là, il restait mesuré, sympathique à toutes les convictions honnêtes, indulgent pour les personnes, réservé sur les intentions. Sa foi en la Providence, une foi de fondateur, l'aidait à accepter, même contre ses préférences, tout ce qui s'établissait par des voies naturelles et sans violence. Et c'est ainsi qu'il a traversé sa carrière, ami de beaucoup, partisan de personne, honoré de tous, excepté peut-être de ceux qui devaient l'insulter à sa dernière heure, et dont il disait qu'après avoir lu leur feuille, il fallait se laver les mains.

V.

Les journées et les mois s'en allaient dans ces causeries, et la vie du Père s'en allait avec eux. Rien n'était remis du travail ordinaire: gouvernement des deux familles des Frères Prêcheurs et du Tiers-Ordre enseignant de saint Dominique, visite de ses Maisons, fondation du Comité des Saints-Lieux de Provence, quêtes pour soutenir son cher Noviciat de Saint-Maximin, Direction assidue de Sorèze, sermons à la chapelle à son tour, et confessions des élèves chaque samedi; au milieu de ces soins, l'épargne laborieuse d'une heure par jour pour préparer son Discours de réception à l'Académie Française : tout marchait avec la précision, la vigueur ordinaires. Et pourtant la science avait déclaré une anémie et commandé le repos : le cœur, l'estomac, les entrailles ressentaient successivement les atteintes du mal; on en voyait les traces dans un amaigrissement impossible à dissimuler.

Sur ces entrefaites, le mois de janvier approchait; un matin, le Père fit appeler son confesseur et lui dit: « Mon ami, voilà mon travail sur M. de Tocqueville achevé, mais redites-moi bien ce que vous pensez de mon entrée à l'Académie. Vous le savez : le Père Général n'y voit pas d'obstacle, et pour moi, je pencherais plutôt à mourir en paix, si vous n'y trouvez pas d'inconvénients. Mais réfléchissez-y ; la chose est importante ; je ferai ce que vous voudrez. »

Son Confesseur lui répondit qu'il y avait là un appel de la Providence ; une admission opportune des Ordres religieux au droit de cité dans la première assemblée littéraire du monde, une sorte de consécration de ses principes sur l'alliance de la liberté et de la religion, enfin l'accomplissement d'un des derniers vœux de Madame Swetchine, du vœu de ses amis, et comme le couronnement de ses œuvres. « Réfléchissez encore, dit-il.» Au bout d'une journée, la réponse fut la même. « C'est bien ; j'irai. »

Il alla à l'Académie par obéissance, pour la vérité et pour nous. Il en revint très-touché de l'accueil que lui avaient fait tant d'hommes respectables; il me l'écrivait : « On m'a fait un accueil, on ne peut plus cordial. » Puis il ajoutait : « Un des fondateurs du *Correspondant* était à Rome dernièrement. Le Pape l'a reçu en audience; il avait sur sa table le dernier numéro du *Correspondant.* « Voici, lui a-t-il dit, un bien bon recueil et qui nous sert bien. » Puis, parcourant les noms inscrits sur le titre du numéro, il en a fait l'éloge en ajoutant : « Il y en a d'autres encore : M. de Montalembert *et ce cher Père Lacordaire.* Figurez-vous, mon ami, que ces derniers mots ont été prononcés avec un accent très-significatif et répétés deux fois. On a demandé au Pape l'autorisation de redire ses paroles : « Oui, a répondu le Saint-Père; oui, sans aucun doute. »

» Adieu, mon bien cher Père; mille choses à nos Religieux, surtout aux PP. Houlès et Lécuyer. Ecrivez-moi souvent et tenez-moi au courant de tout ce qui se passe à l'Ecole. Tout à vous cordialement. »

Voilà ce qui l'occupait dans ses triomphes.

VI.

Cette année 1861 se consuma en soins, en efforts pour lutter contre la maladie. Après le Carême qu'il voulut prêcher encore à nos enfants *sur le Devoir*, les médecins l'obligèrent à profiter, pour changer d'air, de l'hospitalité que venait lui offrir « une ancienne et respectable amitié. » Il nous quitta avec regrets. « Combien il me tarde, écrivait-il, au commencement ; » et plus tard : « Combien je me réjouis de revoir Sorèze, nos Religieux, nos enfants, tous les nôtres et vous en particulier ! »

Il nous revint au mois de juin, mais précédé par une consultation désespérée qu'il avait copiée lui-même et qu'il m'envoyait avec ces mots : « Voilà où j'en suis, mon cher Père. » Le pays tout entier courut à sa rencontre ; il avait tant fait travailler ces pauvres gens ! Il était si bon avec eux ! Les jardiniers jetaient des bouquets dans sa voiture au passage ; les corporations l'attendaient avec leurs bannières, nos enfants sous les armes ; tout était pavoisé d'inscriptions, de drapeaux. Ce fut un immense cri de bonheur quand le Père mit pied à terre, à l'entrée de la ville, et s'avança entre le Curé de la paroisse et nous, au milieu de ses élèves et des habitants, tous ses enfants. Chacun en le voyant passer criait : vive le Père ! et essuyait une larme. Le Père arriva dans l'Ecole et nous dit à tous : « Maintenant je suis avec vous *ad convivendum et ad commoriendum.* » A peine entré dans sa chambre, il voulut se confesser, mais il n'eut plus la force de se mettre à genoux. Je me rappellerai toute ma vie sa confusion en se voyant obligé de s'asseoir : il interrompit son premier signe de croix pour me dire : « Ah ! je vous en demande encore une fois pardon, mais je ne puis pas. »

VII.

On entreprit sans succès un nouveau traitement. L'alarme se répandit vite : Nous vîmes arriver à Sorèze ceux que le Père avait plus aimés dans le monde : son frère aîné, MM. de Montalembert et Foisset, M. l'abbé Péreyve, M. Cartier et quelques autres bien connus dans notre cercle intime. M. de Falloux nous écrivait de son lit : Mon cœur et ma pensée sont constamment à Sorèze. M. de Montalembert est le dernier hôte auquel son affectueux ami fit les honneurs de l'Ecole. Le dernier samedi de septembre, après dîner, le Père s'évanouit entre M. de Montalembert et moi ; nous le soutenions chacun d'un côté, et nous l'avons reconduit à moitié courbé dans sa chambre. M. de Montalembert y entendit le lendemain la messe que Mgr d'Albi, toujours si gracieux envers le Père, avait permis d'y célébrer; puis il embrassa le compagnon de sa jeunesse une dernière et une dernière fois, et partit. Pour le Père, il ne sortit plus.

Mais il dicta, dès le lendemain, à son bien aimé secrétaire, le Frère Seigneur, les premières pages de ses Mémoires sur le rétablissement de son Ordre en France, Mémoires qu'il a menés jusqu'à l'année 1854, où finit son premier provincialat: c'est le seul manuscrit qu'il ait laissé. La dictée occupait le matin, la préparation silencieuse le soir; pour le délasser, on lisait quelques pages des *Martyrs* de Châteaubriand qu'il n'entendait jamais sans pleurer. Ainsi se passa la première moitié d'octobre.

Nous vîmes arriver aussi ses frères et ses fils selon la grâce. Après sa démission de la charge de Provincial, le chapitre des Frères-Prêcheurs de France avait voulu se réunir à Toulouse, afin d'être plus rapprochés de leur Père, et mieux à portée de recevoir en passant sa bénédiction, ses conseils. Il y eut en ces derniers jours à Sorèze comme un pélerinage de piété filiale, chacun des Pères les plus anciens accourant pour porter au Patriarche de l'Ordre et des Ordres religieux dans notre pays, l'expression vivante d'une inaltérable tendresse. Que de prières s'élevaient alors de toutes parts ! Que de vies s'offraient en échange de celle-là ! Si le ciel eût accepté des substitutions, combien de fois notre Père nous eût été rendu ! Mais tous ensemble nous ne valions pas cette victime.

VIII.

Il s'affaiblissait toujours. Le lundi 31 octobre, j'avais cru devoir lui proposer les derniers sacrements ; il m'avait souri d'un œil qui signifiait : Pauvre enfant ! et m'avait répondu : « Mon ami, je vous causerai tant d'embarras par ma mort qu'il ne faut rien précipiter. En tout cas, reposez-vous sur moi du soin de vous prévenir, et d'ailleurs vous avez trop à faire aujourd'hui. »

Mais le mercredi 6 novembre au matin, j'accompagnai le docteur ; le Père, contre son habitude, le laissa parler sans l'interrompre, et comme le docteur se levait : « adieu, M. Houlès, » lui dit-il d'une voix ferme, « adieu, vous avez été bien bon pour moi, je vous en remercie. » Vers neuf heures, le domestique vint : la crise de la nuit recommençait, mais le bon Père avait défendu qu'on m'avertît, s'il souffrait. J'attendis donc un peu, et comme je lui disais en entrant : « Hé bien, mon Père, vous souffrez beaucoup ? » — « Non, ce n'est rien ; mais vous..... asseyez-vous là..... Qu'a dit le docteur ? » — « Hélas ! mon Père, qu'avec un tempérament ordinaire, il n'y en aurait pas pour vingt-quatre heures, mais qu'avec vous on ne savait trop que prédire. » — « N'importe, mon ami ; si vous le jugez prudent, et vous ferez bien, c'est maintenant qu'il faut m'administrer l'Extrême-Onction, et sans tarder. » Puis il me regarda fixement, et me dit :

« A Dieu, mon ami, à Dieu; il faut nous séparer : je sens ma vie qui m'échappe, elle s'en va pièce par pièce, adieu. Pourtant (en levant les bras au ciel) cinquante-neuf ans ! Il semble que je pouvais encore être utile à quelque chose. Mais Dieu a des desseins impénétrables, il en décide autrement; il faut nous soumettre; à Dieu. » Il se reprit et continua : « Mon ami, je ne suis pas expansif, cela répugne à ma nature; mais j'ai réservé à ce dernier jour de ma vie de vous dire..... » Et là il tira pour moi de son cœur des paroles d'une tendresse inexprimable, et dont le souvenir me fait fondre en larmes; et après s'être repris une seconde fois, il ajouta, ce que je cite seulement pour montrer sa profonde humilité : « Ma dernière consolation est de laisser l'Ecole florissante; c'est une bénédiction que Dieu semblait vous devoir, nul n'ayant contribué autant que vous à son succès. J'ai apporté ici une grande autorité morale; mais vous, vous y avez mis de l'activité, du dévouement; je n'aurais pu rien faire sans vous. J'avais toujours pensé que Dieu vous bénirait, mais il m'a donné de voir cette bénédiction avant de mourir, et je l'en remercie. »

Les religieux profès et les élèves de l'Institut avec le neveu du Père se réunirent dans sa première chambre, les prêtres dans la seconde. Nous éclations tous en sanglots ; lui seul était calme et répondait à toutes les prières. Il retrouvait une certaine ardeur pour offrir ses membres aux diverses onctions, et il me rappela pour la dernière que je n'osais lui faire de peur de l'épuiser.

Quand tout fut fini, il bénit sur ma demande notre communauté du Tiers-Ordre, adressa à tous les Pères: « ses adieux, ses remercîments pour leurs services, l'expression de ses regrets de ne pouvoir vivre plus longtemps avec eux selon son espérance, et la recommandation de rester fidèles à l'œuvre, fidèles surtout à l'Ecole, et de se serrer toujours davantage autour du Supérieur qu'il leur avait donné. »

Puis il nous bénit en nous embrassant tous. Il reçut ensuite et embrassa au front son neveu qui lui représentait sa famille et ne l'avait pas quitté depuis plusieurs jours, et chaque élève de l'Institut en lui disant : « A Dieu, un tel, à Dieu, mon ami ; c'est pour la dernière fois : soyons toujours sage. » Et il les bénit avec une certaine lenteur, eux, l'Ecole et leurs parents.

Il était près de dix heures du matin.

IX.

Je vins le retrouver à une heure.

« Ah ! mon ami, qu'il est difficile de mourir ! » me dit-il en m'apercevant ; « j'imaginais que c'était plus tôt fait..... Mais sortez d'ici ; c'est trop triste à voir ; allez-vous-en. » Et un instant après : « Ce pauvre Louis (c'était son domestique), il se tue. Je vous recommande Louis : ayez-en soin ; gardez-le toujours avec vous et faites-lui tout le bien que vous pourrez en mémoire de moi..... Qu'on est heureux, mon ami, d'avoir un bon domestique ; sans cela, dans mon état, voyez-vous, il n'y a plus de pudeur. » Il ressentait des soubresauts terribles. « Mon Père, vous n'avez rien qui vous inquiète ? » — « Non, mon ami, vous connaissez ma vie, vous connaissez mon âme ; je n'ai rien qui m'inquiète. Il se peut que quelque mouvement secret d'amour-propre se soit glissé dans mes actions ; mais c'est à mon insu : il me semble bien que j'ai toujours voulu servir Dieu, l'Eglise..... (la voix lui manqua, et il reprit avec force) et Notre-Seigneur Jésus-Christ. » — « Mon Père, vous ne m'avez pas compris ; j'ai voulu vous demander seulement si vous n'aviez pas quelque ordre à m'exprimer. » — Mais lui, sans m'entendre : « J'ai aussi aimé beaucoup, oh ! oui, beaucoup les jeunes gens : mais le bon Dieu saurait-il m'en faire un reproche ? Et quant à mes opinions politiques et religieuses, je n'ai aucune inquiétude : elles ne touchaient en rien à la foi, aux dogmes; vous le savez. » — « Mon Père, en tout cas, je vous appliquerai l'Indulgence attachée pour vous par le Souverain Pontife au Crucifix que voilà. » Il accepta avec un sourire de reconnaissance. J'ajoutai : « Mon Père, vous pardonnez de grand cœur, n'est-il pas vrai, à tous ceux qui vous ont fait du mal ou qui vous ont contristé ? » — Il se recueillit quelque temps avec un air de victime, puis il ouvrit sur moi un regard serein, et me répondit : « Oh ! oui, de tout mon cœur, mon ami, de tout mon cœur. » Puis il demanda le Saint-Viatique. « La communion me fortifiera, disait-il, car je ne sais guère quelle sera la fin de cette journée pour moi. »

X.

De fait, ça été la dernière journée que le Père ait vécu pour nous. De ce jour jusqu'à la fin, il entra dans un grand et mystérieux silence, rarement interrompu par quelque courte parole aux religieux de son Ordre et à ses amis. C'est à M. l'abbé Péreyve, par exemple, qu'il répondit, après lui avoir remis ses papiers, comme celui-ci lui demandait s'il pouvait prier Dieu. — « Non, mais je le regarde. » Le R. P. Saudreau, nouveau Provincial et le R. P. Chocarne, ne s'éloignaient plus : l'un lui rappelait l'Ordre qu'il avait tant aimé ; l'autre lui rapportait avec le souvenir d'une affection éprouvée la pensée de Saint-Maximin et la mémoire de Madame Swetchine, vu qu'il avait remplacé le Père aux derniers moments de cette femme vénérable. D'autre part, les RR. PP. Captier et Mermet, accourus de notre Ecole d'Oullins, complétaient la famille du Père autour de son lit de mort. Mais le Père ne pouvait plus ni prendre aucun aliment, ni parler : il ne comprenait plus rien à sa propre vie : « Qu'est-ce donc, disait-il? Ne pouvoir ni vivre, ni mourir! Mais on fait tant de prières pour moi ! » Et l'on devinait sa résignation, en le voyant joindre fréquemment ses mains et regarder le ciel ou son crucifix. C'est alors que , pour la troisième fois, il reçut, par l'entremise du maître-général de l'Ordre, la bénédiction de Sa Sainteté.

Le dix, au soir, un mieux inespéré se fit sentir : le malade n'y crut guère, et dit seulement, à ceux qui s'en réjouissaient jusqu'à pleurer de joie, après dix jours de larmes : « Comme vous êtes bons pour moi ! je vous en remercie. » Insensiblement, toutes les fonctions cessèrent : des crises survinrent : deux fois les religieux des deux Ordres réunis dans sa chambre y récitèrent les prières des agonisants. C'était un long martyre.

Enfin le vingt-un novembre au soir, jour de la Présentation de la Sainte-Vierge, premières vêpres de Sainte-Cécile , une de ses saintes de prédilection, septième anniversaire de l'installation du Tiers-Ordre à Sorèze et de la plantation de ce premier cèdre qui mourut sitôt, il demanda, vers cinq heures, à changer de linge, et fit arranger son lit. Puis il demeura comme à moitié assis, immobile, ne se remuant guère que pour remercier affectueusement son domestique dont il attira et tint longtemps la tête sur son cœur. Vers neuf heures, je restais seul à son chevet, l'âme inquiète à cause des souvenirs de ce jour, mais sans le regarder parce que cela le gênait. Sa respiration était courte, faible, presque éteinte : à neuf heures et demie, je n'entendis plus rien ; je me retourne, ses yeux étaient fixés sur moi; il expirait.

XI.

Son corps revêtu de ses habits religieux fut transporté, la nuit même, dans une chapelle de l'Ecole, et durant quatre jours la reconnaissance et la dévotion du pays purent se satisfaire. La mort semblait rendre au Père , son véritable caractère, celui de la sainteté la plus virile et la plus aimable. Le peuple des campagnes venait de loin comme à un pélerinage : les pauvres demandaient de lui baiser les pieds, les enfants ne se lassaient pas de le voir. Tous approchaient de ses mains, de ses lèvres des objets pieux, et nos élèves allèrent jusqu'à lui faire toucher la plume et le papier qu'ils tiennent en réserve pour leur épreuve académique. Pauvre Père ! lui qui avait tant aimé les enfants auxquels il ressemblait par son âme et tant exalté dans ses conférences le bon sens du peuple au dessus de la raison des sages, comme le bon Dieu l'en récompensait dans sa mort, en appelant auprès de lui le peuple et les enfants.

Le lundi suivant, il fallut protéger ses restes contre le tumulte et l'envahissement. Religieux, professeurs, élèves de l'Institut, domestiques, nous nous sommes réunis entre son corps et le cercueil en bois de chêne qu'il avait lui-même commandé. Chacun jusqu'au plus jeune, jusqu'au plus humble, voulut déposer un dernier baiser sur son front : la mort en avait respecté la majesté et effacé les rides. Puis, le prenant sur nos bras, nous l'avons descendu dans son cercueil : là chacun, même les élèves, voulut caresser ce Père encore une fois, mettre la main à son arrangement, si bien qu'après avoir reposé sa tête sur ce lit suprême, il sembla nous remercier tous par le calme et la douceur de sa figure, d'avoir ainsi préparé son dernier repos.

Il faut ouvrir la Bible pour retrouver des scènes pareilles : c'était comme la sépulture de Jacob au milieu des Pères des tribus d'Israël. Et l'on se rappelait les uns aux autres qu'à son dernier sermon dans notre chapelle, en parlant des récompenses du devoir, il avait cité, en dernier lieu, la mort sereine des vieux Romains et l'ensevelissement des Patriarches.

Typ. de BONNAL et GIBRAC, rue Saint-Rome, 46, Toulouse.

www.ingramcontent.com/pod-product-compliance
Lightning Source LLC
LaVergne TN
LVHW020307230826
846091LV00006B/2567
* 9 7 8 2 0 1 1 7 6 1 0 2 6 *